LA PAVANE

PANTOMIME

de

LÉON SARTY

MUSIQUE

de

ANDRÉ POLLONNAIS

LA PAVANE

PANTOMIME

EN UN ACTE ET DEUX TABLEAUX

DE

LÉON SARTY

MUSIQUE

DE

ANDRÉ POLLONNAIS

Tous droits réservés

LA PAVANE

PANTOMIME

—◆—

Représentée au THÉATRE DE MONTE-CARLO, le 2 Mars 1895

Direction de M. Raoul GUNSBOURG

PERSONNAGES

Clélie, nièce du Conseiller   Mme Virginia ZUCCHI

Pierrot, élève de Remi   Mlle Costantina Zucchi

Le Conseiller la Vieuville   MM. Buislay

Le Vicomte de Belcour   Delahaye

Remi, Maître de chapelle   Laplacca

Chef d'orchestre : M. Léon JEHIN

Mise en scène réglée par M. MURATORE

LA PAVANE

PREMIER TABLEAU

Un salon. — Au fond, grande porte ouverte sur une terrasse ornée de plantes. — A droite et à gauche petites portes. — Cheminée à gauche (1ᵉʳ plan), non loin, une petite table sur laquelle un métier à tapisserie. — Deux fauteuils. — A droite, un canapé, etc.

SCÈNE PREMIÈRE

Clélie, fraîche comme une rose de mai au matin qui soleille ; Clélie, la jolie fille aux yeux de pervenche ; Clélie, la sémillante nièce du conseiller La Vieuville, coquettement attifée, lit et couvre de baisers un petit billet parfumé qu'elle vient de tirer de son corsage.

Ah ! que de choses tendres, exquises !...
Que ce billet l'enivre !...

Elle en répète chaque mot de ses lèvres frémissantes ; elle le presse sur son cœur et le relit encore...

C'est de Pierrot, c'est de ce gentil Pierrot qu'elle vit l'autre hier chez le maître de chapelle Rémi. C'est de Pierrot !... Et que lui dit-il ?...

Il lui annonce que tout à l'heure il va venir — là — dans ce salon — tout près d'elle — bien près, bien près.

Deux fois la semaine, les deux sexagénaires se réunissent. Le musicien enseigne l'art du chant à la douce Clélie, et le conseiller fait admirer sa collection de tulipes à son vieil ami.

Ah ! comme Pierrot, le meilleur élève de Rémi, a prié, supplié son maître de lui permettre de l'accompagner !

M. La Vieuville est un dillettante passionné qui raffole de la Pavane. Or, Clélie y figure à ravir et Pierrot y fait merveille.

Pour danser la Pavane il faut au moins être deux... et patati et patata..... Enfin, la ruse a pleinement réussi.

« Ah ! que Pierrot a de l'esprit !

« Ah ! que Pierrot est ingénieux !

« Ah ! que Pierrot sait *m'aimer !* se dit Clélie.

SCÈNE II

Mais sur la terrasse des pas retentissent...
serait-ce les visiteurs ?.....

Pierrot !... Non. — C'est le vieux conseiller
qui arrive triomphant, un pot de tulipes à la
main.

Clélie tout émue cache, dans son sein
palpitant, le petit billet parfumé, et saisissant
son métier, paraît absorbée en son travail de
tapisserie.

Le conseiller s'approche pour lui donner à
voir les progrès de ses tulipes panachées. Clélie simule distraitement un intérêt bien loin
d'être éprouvé.

Soudain, de nouveau, des pas lourds réson-
nent sur la terrasse.

Et le maître de chapelle Rémi, la perruque
mal ajustée, le tricorne de travers, les poches
bourrées de rouleaux de musique, entre la
face épanouie et les mains tendues ; Pierrot,
tenant une boîte à violon, son chapeau sous
le bras, le suit de près.

Clélie, cependant que les deux amis échan-
gent mille compliments, Clélie frissonnante de
plaisir, et craignant que Pierrot ne se trahisse,

met un doigt sur sa bouche, afin de l'engager à la prudence.

Le pauvre amoureux est si troublé qu'il laisse choir la boîte à violon sur son pied.

Le bruit fait retourner le conseiller qui montrait déjà sa nouvelle tulipe à maître Rémi. Ce dernier se souvient alors qu'il n'a pas encore présenté son élève.

— « Un sujet remarquable, dit-il, musicien jusqu'au bout des oreilles, danseur jusqu'au bout des pieds. La Pavane n'a point de secret pour lui.

« Diable ! s'écrie le conseiller, nous allons voir ça. Vous le savez cher ami, ma nièce peut être sa digne partenaire ».

Et Clélie d'un air timide, modeste et empressé, répond à l'humble salut de Pierrot par sa plus belle révérence.

Le conseiller s'assied commodément dans un vaste fauteuil. Il hume bruyamment une forte prise de tabac d'Espagne, assujétit ses besicles sur son nez monumental, et, avec satisfaction regarde le couple aimable qui se dispose à la danse.

Qu'elle est adorable en ses coquets atours !

Qu'il est gracieux en son costume blanc, tout de rose et de bleu enrubanné !

Rémi, debout, son violon sous le menton nerveux, d'un coup d'archet habile fait vibrer les premiers accords.

SCÈNE III

Ils dansent la *Pavane*... et jamais nymphe rêveuse, glissant sur l'herbe fleurie, n'eût plus de souplesse légère et de naïf attrait !

Jamais sylphe joyeux, effleurant la terre de son pied agile, n'eût plus de noblesse exquise et de réelles séductions !

Les yeux du maître de chapelle brillent d'orgueil et de joie contenue.

La tête du conseiller exécute, de droite à gauche, un mouvement admiratif très accentué.

SCÈNE IV

Mais voici qu'au dernier accord, à la dernière révérence, sur la terrasse apparaît un visiteur inattendu. Il entre, un bouquet à la main. C'est un homme jeune encore, d'une mise fort recherchée et d'un aspect quelque peu prétentieux. Il salue, offre avec une inten-

tion marquée son bouquet à Clélie qui l'accepte avec embarras et une moue significative.

La figure de Pierrot s'allonge. — Il sent l'aiguillon de la jalousie. — Bien sûr c'est un prétendant.

Le conseiller reçoit le vicomte de Belcour, en manifestant grand plaisir et beaucoup de déférence. Le vicomte s'excuse. — Il a sans doute interrompu la danse. — Il serait enchanté si elle pouvait être reprise.

Pierrot, tourne vivement le dos et, d'un air courroucé, se dirige vers la terrasse.

Clélie prétexte un mal au pied.

Alors, dit le conseiller au vicomte et à Rémi, venez voir ma collection de tulipes.

SCÈNE V

A peine ont-ils disparu que Pierrot rentre furieux. Il fait une scène de jalousie à Clélie. Clélie veut se disculper. — Pierrot se fâche et ne veut rien entendre. — Clélie irritée va s'assoir près de la cheminée, et, prenant un livre, elle en commence la lecture.

Pierrot brusquement s'assied à son tour, et, s'emparant du métier placé sur la table, se met à faire de la tapisserie.

Il tire l'aiguille avec humeur, — casse la laine, se pique les doigts, — tape du pied, — et finalement s'élance vers Clélie pour l'embrasser.

Surprise, effarouchée de cette attaque, elle résiste, se défend...

Mais Pierrot est le plus fort...

Elle va sonner... Marion viendra à son secours... D'une main fébrile elle tient déjà le cordon de la sonnette...

Soudain, Pierrot aperçoit, sur la cheminée, des ciseaux. Il les prend, — il enlace la taille svelte et flexible de sa bien-aimée, — coupe le cordon de soie, et, à la volée, plante un baiser dans les cheveux follets de la gente Clélie.

Allons bon ! — d'où vient ce bruit ?

. . . .

. . . .

SCÈNE VI

Le conseiller, le vicomte et maître Rémi reviennent déjà?...

Clélie s'épouvante… Pierrot perd la tête…
Il veut fuir… Il ne peut s'échapper par la
terrasse.

Après avoir hésité à droite… à gauche…
Clélie le pousse vers une porte qu'elle referme.

Le conseiller et Rémi rentrent précipitam-
ment suivis du vicomte.

— « Où est Pierrot ? demandent-ils. Nous
ne l'avons point vu dans le jardin.

« Mais je l'ignore, répond Clélie.

.   .   .   .

.   .   .   .

« Qu'est-ce ? » fait le conseiller en regar-
dant la porte d'où Pierrot s'est enfui.

Tous les yeux se fixent de ce côté. Hélas !
— un bout de la veste de l'infortuné Pierrot
est emprisonné entre les battants de la porte,
et révèle sa présence.

Le conseiller s'avance avec précaution. Le
vicomte et le maître de chapelle sont stupé-
faits, et Clélie, anxieuse, suit du regard son
oncle, qui saisit le bout de veste révélateur,
ouvre la porte, et tire jusqu'au milieu du salon
le pauvre Pierrot plus mort que vif.

Colère du conseiller— reproches de Rémi—
Pierrot se jette aux pieds de M. La Vieuville.

Clélie éperdue, s'écrie :

« Je l'aime !

Le conseiller relève brutalement Pierrot.

— « Sans le sou !—Sans position !— Sortez ! — Je vous chasse !...

Pierrot et Clélie font le mouvement de tomber dans les bras l'un de l'autre. Le conseiller s'interpose.

Alors Pierrot se redressant, dit :

« Eh bien, oui, je pars. Je vais mettre une épée à mon côté. J'irai à la guerre et je reviendrai officier ».

Il sort en envoyant un baiser à sa bien-aimée qui sanglote.

Le vicomte, inquiet, s'empresse auprès de Clélie.

Le conseiller et le Maître de chapelle, attérés, lèvent les bras au ciel.

(La toile)

DEUXIÈME TABLEAU

(Même décor qu'au 1er tableau)

Dans le salon des bouquets à profusion, et, au milieu, une corbeille de mariée.

SCÈNE PREMIÈRE

Clélie est assise sur le canapé, son doux visage est empreint de mélancolie. A ses genoux, le vicomte la contemple avec tristesse. Il la supplie d'écouter son amour. Il saura bien, par sa tendresse et ses soins assidus, effacer jusqu'au souvenir du volage Pierrot, et lui donner le bonheur rêvé.

Un pâle sourire erre sur les lèvres de Clélie. Elle lui témoigne combien son désir de lui plaire la touche sans pouvoir, cependant, la consoler. Puis elle se lève, comme lasse de cet effort, et le vicomte espérant charmer son ennui, lui fait admirer les trésors de la corbeille. Elle prend, tour à tour, des boucles d'oreilles, un bracelet, un collier ; et, se mirant dans une glace, elle se pare de ces précieux ornements pour les rejeter aussitôt avec indifférence, tant son cœur est dolent !......

. . . .

Mais le vicomte se souvenant qu'il a omis quelque démarche relative au mariage, s'éloigne après avoir effleuré de ses lèvres les doigts roses et délicats de sa fiancée.

SCÈNE II

Clélie, seule enfin, déplore amèrement cet hymen.

Elle pleure, la charmante Clélie ! — Elle pleure, la jolie fille aux yeux de pervenche, la sémillante nièce du conseiller La Vieuville ! — Elle pleure ! et regarde à travers ses larmes un médaillon : le portrait de Pierrot, de Pierrot, oublieux peut-être, de Pierrot, infidèle sans doute !

SCÈNE III

Le conseiller survient.

« Eh quoi !... encore des pleurs ?...

Clélie cherche à dérober à sa vue le portrait de Pierrot.

Le conseiller s'en aperçoit.

Il exige qu'elle lui montre l'objet qui fait couler ses larmes.

Pauvre Clélie ! Son oncle prenant le médaillon, avec indignation, le jette à terre et l'écrase du pied.

Clélie pousse un cri déchirant.

SCÈNE IV

A ce moment, sur la terrasse, apparait Pierrot, officier des gardes françaises. Il est blessé et se soutient à peine...

C'est en chancelant qu'il se présente, un bras en écharpe, le regard alangui...

Serait-ce une vision fantastique ? dit Clélie.

Serait-ce un rêve étrange ? dit le conseiller.

Pierrot s'avance... il sourit tendrement... Soudain il voit les fleurs, la corbeille de mariage, le médaillon brisé.

Il le reconnait hélas !

Il repousse Clélie qui lui tend les bras... il veut s'éloigner de ces lieux d'où son souvenir est banni.

La douleur est trop aiguë...

Son désespoir est trop poignant...

Il tourne sur lui-même, se sentant défaillir, et vient tomber évanoui sur le canapé.

Clélie se précipite à ses genoux en lui disant :

Pierrot entends moi ?...

O mon Pierrot !... je t'aime !...

A cette voix chérie, il rouvre les yeux. — Il la regarde longuement — voit son angoisse extrême — devine ses tortures indicibles — croit à son amour fidèle.

Toujours à genoux, Clélie se traîne éplorée vers son oncle.

Le conseiller en proie à une émotion sincère la relève, et donne la main à Pierrot qui la baise avec transport.

SCÈNE V

Sur ces entrefaites, entre le vicomte — surpris, interdit, il finit par comprendre que sa présence va devenir aussi embarrassante que ridicule. Il s'esquive plein de dépit et de colère.

Clélie enivrée de bonheur, embrasse son oncle. Puis, se retournant vers Pierrot, elle pose sa jolie tête sur son épaule.

FIN.